VOCAL SELECTIONS

CARMEN JONES

BY OSCAR HAMMERSTEIN II

36   Beat Out Dat Rhythm On A Drum

8   Dat's Love

21   Dis Flower

30   Dere's A Cafe On De Corner

13   My Joe

2   Stan' Up An' Fight

26   You Talk Just Like My Maw

Applications for performance of this work, whether legitimate, stock,
amateur, or foreign, should be addressed to:
THE RODGERS & HAMMERSTEIN THEATRE LIBRARY
1633 Broadway
New York, NY 10019

WILLIAMSON MUSIC®
A RODGERS AND HAMMERSTEIN COMPANY
www.williamsonmusic.com
EXCLUSIVELY DISTRIBUTED BY

HAL•LEONARD®
CORPORATION
7777 W. BLUEMOUND RD. P.O. BOX 13819 MILWAUKEE, WI 53213

ISBN 978-0-7935-1012-2

Stan' Up An' Fight

Words by
OSCAR HAMMERSTEIN II

Music by
GEORGES BIZET

Allegro moderato

Thanks a lot, I'm sure glad to be, To be where I c'n see __ so man-y

When you fight out in de op-en air __ In a patch o' light __ De ring looks

all K. O.
base-ball park, ___

Jack-son an' John-son, Mur-phy an' Bron-son,
Peo-ple are qui - et, Den dere's a ri - ot!

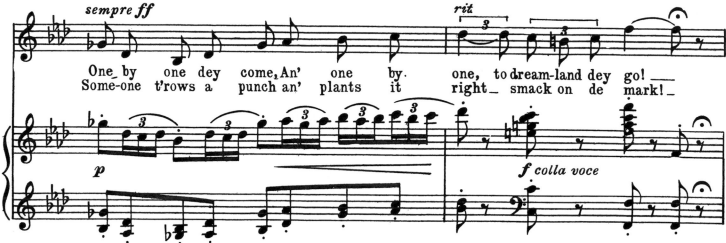

One by one dey come, An' one by. one, to dream-land dey go! ___
Some-one t'rows a punch an' plants it right ___ smack on de mark! ___

How's it done? ___ You ask me, how's it done? ___ I got a train-er man ___ Who taught me
Some-one's hurt ___ You kind a' think it's you ___ You hang a - cross de ropes ___ Da's all y'

all I know. ___
want to do! ___

Sure feels good ___ to have him
Den you look 'roun' an' see your

in my cor ner, Hear his voice a whisp-'rin'
train - er's eyes Beg - gin' you to see it

low: Big boy, re -
through, Dey say, Re -

mem - ber, You mus' re -
mem - ber, Big boy, re -

mem - ber.
mem - ber.

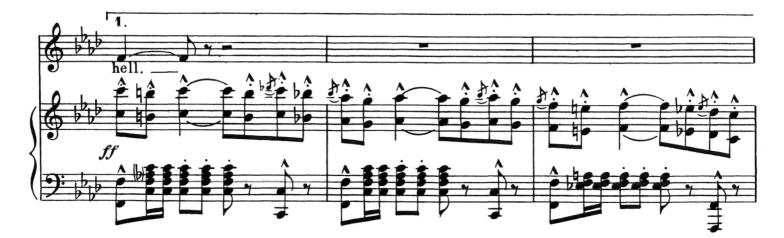

Dat's Love
(Habanera)

Words by
OSCAR HAMMERSTEIN II

Music by
GEORGES BIZET

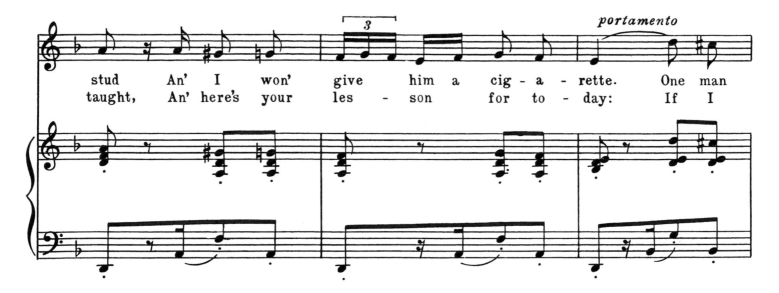

stud An' I won' give him a cig-a-rette. One man
taught, An' here's your les-son for to-day: If I

treats me like I was mud An' what I got dat ___ man c'n
chase you, den you'll get caught, But once I got you, I go my

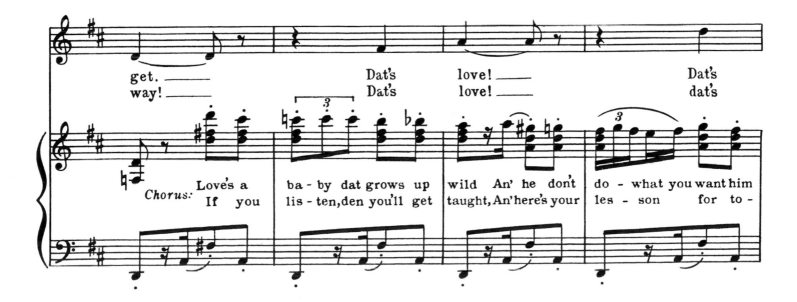

get. ___ Dat's love! ___ Dat's
way! ___ Dat's love! ___ dat's

Chorus: Love's a ba-by dat grows up wild An' he don't do-what you want him
If you lis-ten, den you'll get taught, An' here's your les-son for to-

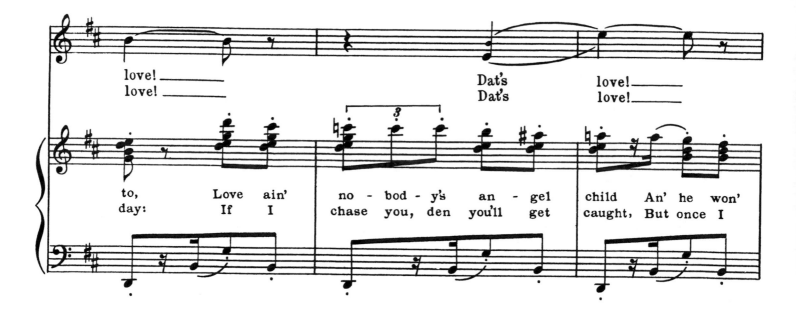

love! _____
love! _____ Dat's love! _____
Dat's love! _____

to, Love ain' no-bod-y's an-gel child An' he won'
day: If I chase you, den you'll get caught, But once I

Dat's love! You go for me an' I'm ta-boo, But if yo're
dat's love!

pay an-y mind to you.
got you, I go my way!

hard to get, I go for you, An' if I do, den you are through,___ boy, My

through, ___ boy, My ba - by, dat's de end of you ___ De end of

you! So take your cue, ___ boy, Don' say I did - n' tell you

true. ___ I tol' you tru-ly, If I love you, dat's de end of

you! ___ you! ___

My Joe

Words by
OSCAR HAMMERSTEIN II

Music by
GEORGES BIZET

Andantino molto

love _____ An' I reck-on we showed it. F'um de way peo-ple

talked _____ Reck-on ev-'ry-one knowed it. _____

un poco meno **p**

Kids _____ on de street where we'd go, _____ use ter yell at us:

cresc. molto

"Cin - dy Lou be-longs to Joe!" _____

cresc.

Lawd! Oh, Lawd y' know dat was true,_____ An' Jo-ey be-

longed to Cin - dy Lou._____

I is

skeered, Oh, Lawd!_____ I is skeered! I'se like a

leaf dat los' her tree. I'se a - lone, Oh, Lawd_____ I'se a-

lone!_____ He got his-se'f a-nud-der wom - an. Now

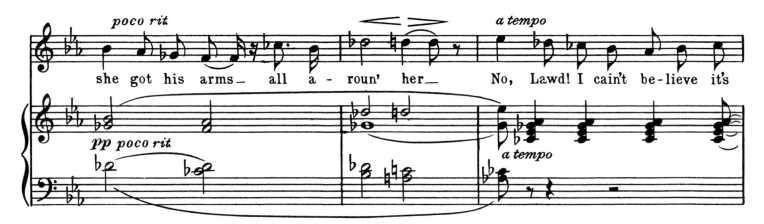

she got his arms__ all a - roun' her__ No, Lawd! I cain't be-lieve it's

so _____ No! No! Don' yer let her keep my Joe. _____ Ah,

Joe, t'row her back where you foun' her! Ah!

Y' said dat both your arms wuz mine — Re - mim - ber?

Y' said your arms wuz mine.— I'se yo'

Tempo I

gal, I wuz al-ways yo' gal Dere wuz no one but

me, You said dere nev-er could be. We wuz in

love _____ an' I reck-on we showed it. F'um de way peo-ple

talked, _____ Reck - on ev-'ry-one knowed it. _____

Kids _____ on de street where we'd go _____ Use ter yell at us:

cresc. molto

"Cin - dy Lou be - longs to Joe!"_____

f

Lawd! Oh, Lawd look down an' try to see_____ How you kin make

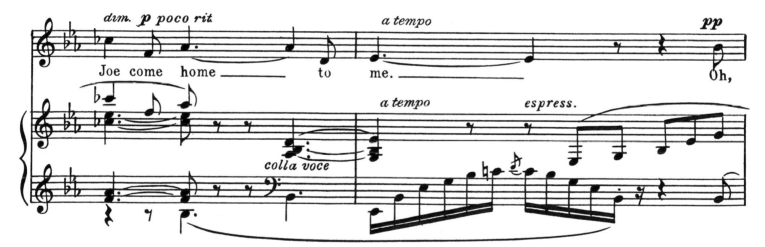

dim. p poco rit   *a tempo*   *pp*

Joe come home_____ to me._____ Oh,

Lawd look down._____ Lead my Joe off de

road where he stray - in'.___ Oh,

tell my man _____ where to go. Oh, Lawd, I'se

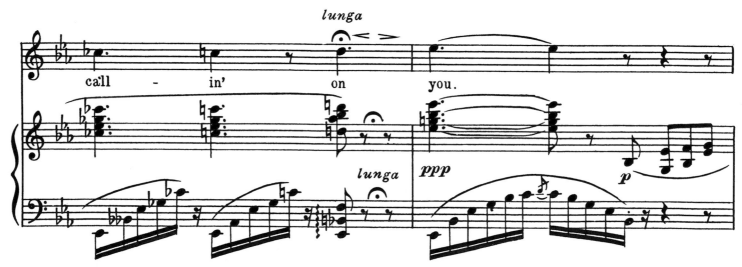

call - in' on you.

Dis Flower

Words by
OSCAR HAMMERSTEIN II

Music by
GEORGES BIZET

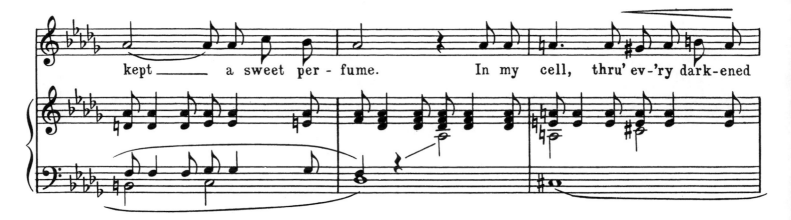

kept _____ a sweet per - fume. In my cell, thru' ev-'ry dark-ened

hour, _____ On my lone - ly eyes lay dis flow'r, _____ An'

so I'd sleep_ de whole night thru', An' dream of you _____ an' dream of

Poco animato, ma poco cresc.

you! _____ Den I'd wake up,_ wid no one near me An'

talk fo' de jail walls to hear me "She ain' de bes',— Dere all de

same— Like all de res'— she's jus' a dame!"_____ Den

I tol' my-se'f I wuz rav - in'; Dere wuz jus one 'ting I wuz

crav - in'. It wuz-'n food _____ It wuz-'n dough! I guess you

Tempo I

know   Dat it wuz you! I on - ly saw you

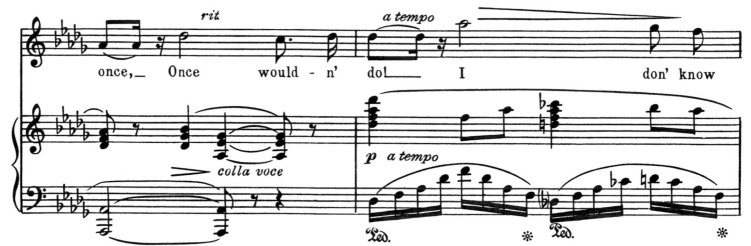

once,__ Once would - n' do!__ I   don' know

an - y - thin' a - bout__ you; I   don' know

much a - bout a shin - in' star. Jus'   know de

worl' is dark wid-out you; Da's all I know,

I on-ly wan' you as you are.

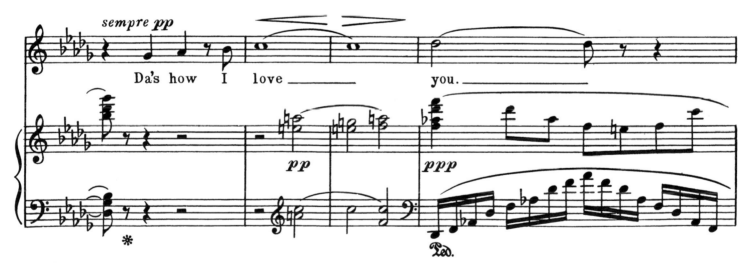

Da's how I love you.

You Talk Just Like My Maw

Words by
OSCAR HAMMERSTEIN II

Music by
GEORGES BIZET

tell_____ you what de Lawd did_____ He made me live nex'

tell_____ you what de Lawd did_____ He made me live nex'

door so we could fall in love de way yo' Paw an' Maw_____

door so we could fall in love de way my Paw an' Maw

did I is yo' Cin-dy Lou An' I be-longs to

did Is you my Cin-dy Lou?_____

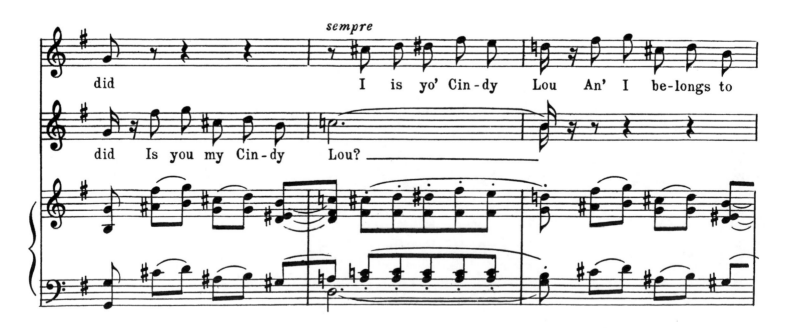

Dere's A Cafe On De Corner

Words by
OSCAR HAMMERSTEIN II

Music by
GEORGES BIZET

Allegretto

Piano

pp

pp CARMEN:

Dere's a Ca - fe on de cor - ner,

Run by my frien' Bil - ly Pas - tor A

spot where a man takes a la-dy when he wants to move

fast-er _____ Guess I'll go an' say hel-lo to

Pas-tor. _____

sempre pp

sempre pp

How kin a la-dy

drink a - lone?___ How kin a la-dy dance a - lone?___ No___ la-dy kin ro-

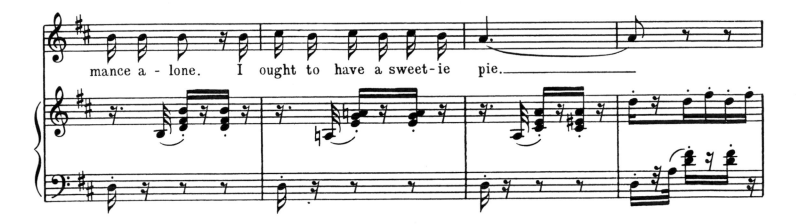

mance a - lone. I ought to have a sweet-ie pie._____

meno p (laughing)

De one I had   I give de air

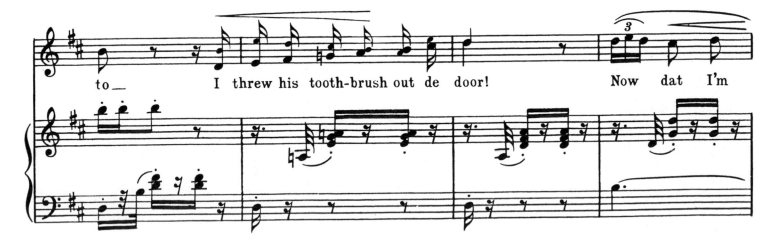

to___   I threw his tooth-brush out de door!   Now dat I'm

free, my heart is sigh - in'; I'm off de

hook, An' look - in' for more. Doz - ens of fel - lers

te - le - phone me, All ax - in' me to make a date. I'm hold - in' out for

sum - pin spec - ial, But I don' know how long I'll wait! Where will I

portamento *portamento*

wind up? Who'll I be true to? Ain' made my

portamento *portamento*

mind up Wait - in' for you to! What - cher say, brud - der, What - cher

say, Boy? Ain' it time dat we got a - way? _____

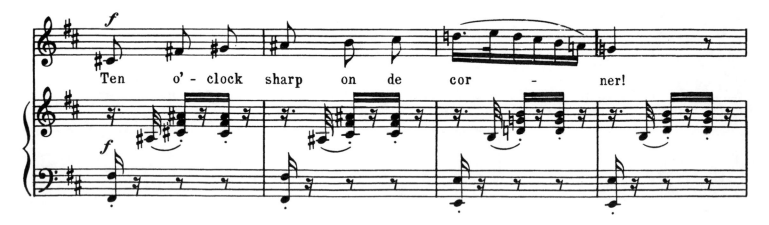

f

Ten o' - clock sharp on de cor - ner!

See dat you're right in dere pitch - in'!_____ 'Cause

I ain' de kind of a mare dat -'ll stand wid - out

hitch - in'!_____ *sempre f* tra la la la la la la la la la

la,_____ *ff* tra la la la la la la la la la la.

Beat Out Dat Rhythm On A Drum

Words by
OSCAR HAMMERSTEIN II

Music by
GEORGES BIZET

I don' need no tune at all. _____ Beat me dat
one big heart fo' all de worl'. _____ Beat out dat
kick his car - cass thru de door. _____ Beat out dat

rhyth-m on a drum, Beat me dat rhyth-m on a drum___
rhyth-m on a drum, Beat out dat rhyth-m on a drum___
rhyth-m on a drum, Beat out dat rhyth-m on a drum___

Beat me dat rhyth-m on a drum, An' I don' need no tune at
Beat out dat rhyth-m on a drum, Dere's one big heart fo' all de
Beat out dat rhyth-m on a drum, An' kick ol' trou-ble out de